Cómo crecer marihuana

De la semilla a la cosecha – La guía completa paso a paso para principiantes

Copyright 2020 por Tom Whistler - Todos los derechos reservados.

El presente documento está orientado a proporcionar información exacta y fiable sobre el tema y la cuestión tratada. La publicación se vende con la idea de que la editorial no está obligada a prestar servicios contables, oficialmente permitidos o de otro tipo, cualificados. Si es necesario el asesoramiento, legal o profesional, se debe ordenar a una persona que ejerza la profesión.

De una Declaración de Principios que fue aceptada y aprobada por igual por un Comité de la American Bar Association y un Comité de Editores y Asociaciones.

En ningún caso es legal reproducir, duplicar o transmitir cualquier parte de este documento, ya sea en medios electrónicos o en formato impreso. La grabación de esta publicación está estrictamente prohibida y no se permite el almacenamiento de este documento a menos que se cuente con el permiso por escrito del editor. Todos los derechos reservados.

La información proporcionada en este documento se declara veraz y consistente, en el sentido de que cualquier responsabilidad, en términos de falta de atención o de otra manera, por cualquier uso o abuso de cualquier política, proceso o instrucciones contenidas en el mismo, es responsabilidad única y absoluta del lector receptor. Bajo ninguna circunstancia se podrá responsabilizar legalmente o culpar al editor por cualquier reparación, daño o pérdida monetaria debido a la información aquí contenida, ya sea directa o indirectamente.

Los respectivos autores son dueños de todos los derechos de autor que no son propiedad de la editorial.

La información que aquí se ofrece tiene un carácter exclusivamente informativo y es de carácter universal. La presentación de la información se realiza sin contrato ni ningún tipo de garantía.

Las marcas comerciales que se utilizan no tienen ningún consentimiento, y la publicación de la marca comercial se realiza sin permiso ni respaldo del propietario de la marca comercial. Todas las marcas registradas y marcas dentro de este libro son sólo para propósitos aclaratorios y son propiedad de los dueños mismos, no afiliados con este documento.

Tabla de Contenidos

Introducción 1

Capítulo 1: El cultivo de cannabis para usted, por usted mismo.. 4

Capítulo 2: Beneficios médicos de la marihuana 11

Capítulo 3: Pasos en el cultivo de la marihuana 20

Capítulo 4: Selección de semillas para la germinación de semillas 28

Capítulo 5: Cultivo en exteriores 49

Capítulo 6: Cultivo en interiores............................. 70

Capítulo 7: Cosecha 93

Conclusión 97

¡Gracias!... 98

Introducción

Quiero agradecerle y felicitarlo por la compra del libro *"Cómo crecer marihuana": De la semilla a la cosecha - Guía completa paso a paso para principiantes"*.

Este libro contiene pasos y estrategias comprobadas sobre cómo cultivar marihuana para su uso personal medicinal y recreativo. Es adecuado para principiantes y para aquellos que ya lo han intentado antes pero no están satisfechos con los resultados.

El cultivo y consumo de la planta de cannabis ha sido controvertido durante décadas. A pesar de la prohibición generalizada y de larga data en muchos países de todo el mundo, dichas prácticas se mantuvieron. Los cultivadores y los consumidores solían ocultar sus actos. Sus acciones pueden ser ilegales pero no necesariamente inmorales, no éticas o destructivas. Con el descubrimiento de las diferentes propiedades medicinales de la marihuana, las barreras contra el cultivo y el consumo son cosa del pasado.

La legalización del cultivo y el uso de la marihuana en varios estados de los EE.UU. y en muchas partes del mundo es un éxito de aquellos que se arriesgaron a aplicar y mantener las prácticas. Cultivar sus propias plantas de cannabis implica expresar su apoyo al movimiento político y disfrutar de su derecho a hacerlo. La mejor parte de todo esto es que usted puede tener un remedio natural de cosecha propia para una variedad de condiciones de salud.

Es fácil de entender si usted percibe el reto de cultivar la planta como algo intimidante. Podría ser su primera incursión en el mundo de la jardinería. Puede que no sepa cómo y por dónde empezar. Con este libro, usted podrá conocer los fundamentos del cultivo de la marihuana, tales como:

- Pasos en el cultivo de la marihuana
- Selección de semillas

- Métodos de germinación de semillas
- Requisitos y cuidado de las plantas para el cultivo de marihuana al aire libre
- Requisitos y cuidado de las plantas para el cultivo de marihuana en interiores
- Problemas comunes de las plantas de marihuana y sus soluciones
- Control y prevención de plagas
- Cosecha adecuada

Además, también sabrá más sobre los diferentes beneficios médicos que puede obtener de la marihuana. Pista: ¡hay más que sólo la altura!

Gracias de nuevo por comprar este libro, espero que lo disfrute!

Capítulo 1: El cultivo de cannabis para usted, por usted mismo

El cannabis pasará a la historia como una de las plantas más controvertidas de todos los tiempos. Conocida más popularmente como marihuana, la planta es notoria por ser la fuente de una sustancia de la que muchas personas abusan por sus efectos psicoactivos. Por otro lado, hay investigadores, profesionales de la salud, fabricantes y miembros de las tribus que apoyan el cultivo y el uso de la planta con fines médicos, industriales y culturales.

En muchos países, todavía es ilegal cultivar, poseer, vender y utilizar cannabis. Sin embargo, el descubrimiento de sus propiedades medicinales, especialmente para el manejo de algunos cánceres y trastornos de conducta, ha abierto el camino para la legalización de la marihuana medicinal en países como Canadá, Colombia, Chile, Israel, España, Bélgica, Austria, Finlandia, Países Bajos, Reino Unido y República Checa. El uso de la marihuana, ya sea recreativo o médico, sigue estando prohibido por la ley federal de los EE.UU., pero 29 estados ya han legalizado la marihuana medicinal a partir de 2016 y se espera que muchos sigan el ejemplo.

El sector industrial también se beneficia del cultivo de la planta. Todas las especies del género Cannabis utilizadas para la fabricación se conocen colectivamente como cáñamo o cáñamo industrial. A menudo se utiliza para la producción de combustible, papel, textiles, plásticos biodegradables y materiales de construcción. Aparte de sus múltiples usos industriales, la planta es valorada por requerir poco o ningún producto químico dañino para su cultivo y procesamiento. Esto significa que no sólo es bueno para el cuerpo sino también para el medio ambiente.

El primer uso de la marihuana se remonta a la antigüedad. Desde entonces se ha integrado en diferentes rituales y festividades. Tomemos como ejemplo el festival de *Holi* en la India y Nepal. Durante las festividades, las personas que se encuentran allí consumen *bhang*, un derivado del cannabis que contiene flores de la planta.

Se cree que los comerciantes indios llevaron la planta a los egipcios, y desde allí, estos últimos la introdujeron a otros africanos. Los esclavos que fueron traídos a las Américas fueron los que más tarde difundieron la práctica del cultivo y consumo de la marihuana en los dos continentes.

A pesar de su importancia médica, industrial y cultural, muchas personas todavía desaprueban el uso recreativo de la marihuana. Esto, junto con las leyes que prohíben el uso de la marihuana recreativa, impulsó a los ávidos usuarios a involucrarse aún más en el comercio ilícito, las sesiones de consumo de marihuana encubiertas y el cultivo ilegal de la planta. Sin embargo, ahora que las leyes que prohíben el cultivo y el uso de la marihuana se han relajado un poco o incluso se han levantado en muchos lugares, vale la pena probar el cultivo de su propia planta de cannabis si usted vive en un estado o país donde es legal.

Por qué cultivar

En este momento, varias grandes empresas están invirtiendo millones de dinero para realizar más investigaciones sobre la planta y sus posibles usos. El cultivo individual de marihuana ayuda a prevenir el posible monopolio de las grandes empresas sobre los usos de la planta. La práctica es también virtuosa en muchos otros aspectos.

Si usted o un ser querido tiene una receta para la marihuana medicinal, el hecho de tener su propia planta significa que siempre hay un remedio cerca. Dependiendo de las leyes que rigen su área, también puede utilizar su planta para automedicarse. Conozca los beneficios médicos de la planta en el siguiente capítulo.

Aparte de la disponibilidad, el cultivo de su propia planta de marihuana le da una garantía de producto limpio. Usted es el único que sabe cómo se maneja su planta y qué productos químicos se utilizan en ella. Este aspecto es valioso si usted está utilizando la planta para el tratamiento o si está en la agricultura orgánica.

Además, los cultivadores individuales y de pequeña escala de marihuana dan fe de la asequibilidad del cultivo de la planta y la preparación de sus derivados. Una variedad de factores contribuyeron a los altos costos de los productos de marihuana para uso en conjunto y otros productos. A la cabeza de la lista estarían las actividades ilegales involucradas. Los grandes traficantes de marihuana tienen que sobornar a los funcionarios del gobierno en varias partes del mundo para continuar con el cultivo, la producción y la venta ilegal de los productos. Los gastos de transporte son otro factor. Tenga en cuenta el número limitado de compañías que están legalmente autorizadas a proporcionar marihuana medicinal. La falta de una competencia dura les permite dictar el precio del producto útil. Cultivar su marihuana y preparar una medicina o un porro puede requerir su tiempo, esfuerzo y dinero, pero es más asequible que comprarlo en un distribuidor.

Consideraciones legales

El cultivo de cannabis es una actividad que merece la pena, excepto si sigue siendo ilegal en su lugar. Antes de subirse al carro, consulte las leyes que rigen el cultivo de la marihuana en su lugar de origen. Asegúrese de comprobar los requisitos básicos y las limitaciones establecidas por las autoridades. Tienes que conocer todas las leyes, reglas y regulaciones aplicables al cultivo de la marihuana en tu lugar. Aparte de las leyes estatales, federales y nacionales, usted tiene que tener en cuenta las leyes de su condado y ciudad/municipio. Si usted está alquilando y/o viviendo en un condominio, es posible que tenga que hablar con el propietario o el administrador del edificio sobre su plan.

Los requisitos y limitaciones difieren de un lugar a otro. En algunos estados de los EE.UU., hay que obtener una licencia para cultivar marihuana. Si va a cultivar marihuana para el comercio, necesita solicitar un permiso aparte para hacerlo. Además, debe tener al menos 21 años de edad. El número de plantas que puede cultivar también puede ser limitado. Tal es el caso en Denver, Colorado. En algunos estados de los Estados Unidos, los cultivadores sólo pueden cultivar y producir marihuana en un área cerrada.

Verificar la legalidad del cultivo de la marihuana y obtener los documentos necesarios para hacerlo puede ser una tarea tediosa y que requiere mucho tiempo. Sin embargo, esto le evitará posibles responsabilidades penales, discriminación y dolores de cabeza más adelante. También ayudará a condicionar su mente y su cuerpo para que pueda llevar a cabo una empresa seria y que valga la pena.

Capítulo 2: Beneficios médicos de la marihuana

El cannabis se ha utilizado como planta medicinal durante siglos. Usted, así como la mayoría de los usuarios médicos y recreativos, puede atestiguar que el uso de los mismos puede mejorar la sensación general de bienestar. Si se encuentra luchando con la cultivación más adelante, trate de recordar los diferentes beneficios médicos que puede obtener de ella.

Los cannabinoides son las principales fuerzas detrás de los beneficios médicos de la marihuana. Estos son también los mismos compuestos que hacen que fumar marihuana sea adictivo. A diferencia de otras sustancias de las que se abusa, el cuerpo está optimizado para recibir dichos compuestos gracias a los receptores de los cannabinoides que ya están en el cuerpo humano incluso antes del nacimiento. Incluso la leche materna, que sirve como la principal fuente de nutrientes para los recién nacidos, está repleta de compuestos similares a los de la marihuana. Como su nombre lo indica, los receptores mencionados y los compuestos cannabinoides se unen. Su encuadernación conlleva un sinfín de beneficios para la salud como:

- Mejora del estado de ánimo

La mayoría de las personas que recurren a la marihuana recreativa están buscando el subidón que la sustancia puede proporcionar. Estar en lo alto ofrece una sensación feliz y relajada. La marihuana tiene, en efecto, propiedades estabilizadoras del humor que benefician a aquellos que experimentan cambios de humor típicos o extremos. Algunos estudios incluso sugieren que la marihuana medicinal tiene un gran potencial para controlar los cambios de humor violentos de las personas con autismo.

- Control del dolor

La marihuana también es popular para el manejo de diferentes dolores corporales. Puede ayudar a aliviar los dolores de cabeza y el dolor de espalda. Además, algunas personas que sufren de dolor crónico reportan molestias menos frecuentes y/o menos intensas después de usar los derivados del cannabis.

- Modulación del apetito

Algunas variedades de marihuana pueden desencadenar los llamados "munchies" o esas repentinas ráfagas de hambre. Esto sólo demuestra que el consumo de derivados del cannabis puede afectar a la digestión. Sin embargo, no todas las cepas pueden causar hambre. Otras cepas, como se ha demostrado en los estudios, pueden realmente ayudar a modular el apetito. Las propiedades moduladoras del apetito de la marihuana son tan notables que incluso se está estudiando y utilizando para el manejo de la anorexia y otros trastornos alimentarios.

- Pérdida de peso

Podría parecer contrario a la intuición que el uso de la marihuana puede provocar hambre y pérdida de peso. Después de todo, muchos suplementos para la pérdida de peso se jactan de las propiedades quemagrasas y supresoras del apetito de sus ingredientes. Sin embargo, las repentinas ráfagas de hambre de la marihuana no parecen hacer que todos los usuarios sean obesos. Por el contrario, la mayoría de los usuarios están lejos de tener sobrepeso. Hay diferentes factores que afectan el peso de los consumidores. No se trata sólo de las propiedades médicas de la planta, sino también del comportamiento de los consumidores. Algunos optan por fumar marihuana para sentirse cómodos mientras que otros recurren a los atracones.

- Mejora del sueño

Algunas personas consideran la marihuana como un remedio natural para los problemas de sueño como el insomnio y la apnea del sueño. Usarlo antes de la hora de dormir puede mantener las pesadillas a raya. Los derivados del cannabis envejecidos proporcionan un mejor sueño que los recién procesados. También es útil agregar otros remedios naturales y complementarios para dormir a la marihuana en lugar de las pastillas para dormir de venta libre. Sin embargo, esto no es aconsejable para los jóvenes que se enfrentan a dificultades para dormir.

- Relajación muscular

En algunos estudios, el consumo de marihuana es efectivo para aliviar los espasmos musculares y el dolor tanto para los humanos como para los animales. Algunos defensores incluso dicen que este relajante muscular natural es mejor que los fabricados por las grandes compañías farmacéuticas. Es mejor combinar la marihuana con masajes y otros remedios que no impliquen la producción masiva de píldoras.

- Tratamiento de la diabetes y reducción del riesgo

El uso de la marihuana puede ayudar a mejorar la sensibilidad a la insulina y a mejorar la regulación del azúcar en la sangre, como lo han demostrado algunos estudios. Estos, junto con los beneficios de la pérdida de peso, son especialmente útiles para aquellos con diabetes o en riesgo de desarrollar la condición crónica debido a su estilo de vida o su genética.

- Manejo de la fobia

Algunos profesionales de la salud advierten sobre la posible paranoia o ansiedad que el consumo de marihuana puede causar. Sin embargo, muchos consumidores reportan que son capaces de sentir alivio por su ansiedad, paranoia y fobia. Algunas personas tienen fobias clínicas que son tan perturbadoras que piden medicamentos que les ayuden a lidiar con la vida diaria. Muchos de ellos recurren a la marihuana como alternativa y están satisfechos por cómo resulta su decisión.

- Neuroprotección

Los compuestos de la marihuana afectan al cerebro de muchas maneras. Los efectos psicoactivos son los más controvertidos de todos. Esto es en parte la causa de los debates en curso sobre la legalización de la marihuana. Algunos antis afirman que la legalización no vale la pena arriesgarse debido a dichos efectos. Los pros, por otro lado, destacan las propiedades neuroprotectoras del cannabis y su potencial en el tratamiento de la enfermedad de Alzheimer, la enfermedad de Parkinson y otras enfermedades cerebrales.

- Manejo de la depresión

La marihuana medicinal también se considera un buen complemento para el control de la depresión. Se debe en parte a sus propiedades estabilizadoras del humor. Aparte de la mejora del estado de ánimo, puede aliviar la fatiga y el desinterés que los individuos clínicamente deprimidos tienden a sufrir. Sin embargo, la marihuana recreativa sólo puede traer un alivio temporal para la depresión y puede desencadenar la adicción en su lugar a algunos usuarios.

- Tratamiento del Glaucoma

La marihuana tiene la capacidad de regular la presión en el ojo, lo cual es beneficioso para la prevención y el tratamiento del glaucoma. La vasodilatación y la neuroprotección que ofrece también ayuda a reducir el riesgo de pérdida de visión. Fumar marihuana puede tratar el glaucoma pero es bastante lento y peligroso para los pulmones. Las píldoras y las inyecciones son alternativas mejores y más seguras, pero requieren de experiencia médica.

- Tratamiento del cáncer

Los pacientes con cáncer pueden beneficiarse de la marihuana medicinal de diferentes maneras. Algunos proponentes creían que podía matar las células cancerígenas. Aunque hay pocos estudios concluyentes que lo demuestren, se reconoce ampliamente que ayuda a aliviar los efectos secundarios de la quimioterapia como el dolor, las náuseas, los vómitos y la pérdida de apetito.

Aunque es beneficioso en muchos aspectos, el consumo excesivo de marihuana puede provocar algunos problemas de salud. Escalofríos, extremidades pesadas, ojos ardientes, boca extremadamente seca y paranoia severa son algunos de los signos y síntomas de la sobredosis de marihuana. Lo bueno es que la sobredosis no es probable que te mate. Sin embargo, usted necesita relajarse, mantenerse hidratado y hablar con su proveedor de atención médica cuando experimente los signos y síntomas mencionados anteriormente.

Todavía no se han explorado muchos beneficios médicos del uso de la marihuana, pero los estudios en curso son muy prometedores. Antes de que las grandes compañías farmacéuticas se le adelanten, asegúrese de aprender a cultivar su propio remedio limpio y natural.

Capítulo 3: Pasos en el cultivo de la marihuana

El cultivo en general puede ser bastante intimidante si es la primera vez. Lo bueno es que puedes dominar esta habilidad con un poco de tiempo y práctica. Además de perfeccionar tus habilidades de jardinería, tienes la oportunidad de cosechar los frutos de su duro trabajo.

Pasarán meses antes de que pueda cosechar su propia producción de marihuana. También existe la posibilidad de que no coseche nada en absoluto. Pero eso está bien. Simplemente debe empezar de nuevo.

El cultivo de la marihuana requiere tiempo, esfuerzo y compromiso. Parece difícil al principio, pero aprenderlo y cosechar sus productos más tarde hará que sea divertido y que valga la pena. Además, tendrá una mejor visión de la jardinería en su conjunto.

Hay diferentes maneras de cultivar marihuana y tiene que considerar un par de cosas en el camino. Pero, a continuación se presentan los pasos clave aplicables a todas las técnicas de cultivo de la marihuana.

Paso 1: Determine el propósito específico de la plantación.

El consumo personal es probablemente su principal razón. Sin embargo, debe indicar si es para medicación, recreación o ambos. Determine también el número de consumidores. Decida el número de plantas que desea cultivar basándose en su propósito de plantar.

Paso 2: Cumplir con las leyes, reglas y regulaciones aplicables sobre la plantación de marihuana en su lugar.

Busque online y visite los sitios web del gobierno relacionados con el cultivo y el uso de la marihuana en su estado y país. Lea las leyes aplicables y tome nota de los requisitos y limitaciones. Hable con el propietario o el administrador del edificio si vive en un apartamento o condominio. Cumpla con los requisitos legales básicos (como la licencia o el permiso) antes de empezar a plantar. Tenga siempre en cuenta las limitaciones también. Si la ley dice que sólo puede plantar hasta 10 plantas de marihuana, entonces sólo debe plantar 10 o menos. Además, esté atento a las técnicas y diseños recomendados. En algunas leyes estatales, el cultivo de la marihuana sólo debe hacerse en un área cerrada y asegurada para mantener a los menores alejados.

Paso 3: Elija si desea cultivar sus plantas de marihuana en el exterior o en el interior.

Primero debe saber lo que está permitido o recomendado en su área antes de decidir cuál aplicar. Cada técnica tiene sus ventajas y desventajas. Conocerá más sobre la mejor aplicación de cada técnica en los próximos capítulos. El cultivo en exteriores y el cultivo en interiores con tierra como medio siguen siendo los más adecuados para los cultivadores novatos.

Una vez que domine uno o ambos métodos, puede probar la jardinería hidropónica, que se está haciendo más popular recientemente, no sólo para el cultivo de marihuana sino también para otros cultivos.

Paso 4: Prepare su jardín o cuarto de cultivo.

Como de costumbre, consulte los diseños recomendados o los requisitos de jardín si los hay. Tiene que considerar tres cosas para su jardín: la ubicación, el medio de cultivo y las necesidades de las plantas. Escoge el lugar más adecuado en su jardín o en su casa para su jardín o cuarto de cultivo de marihuana. Como principiante, el suelo es el mejor medio de plantación que puede utilizar, pero hay muchos otros medios de cultivo por ahí. Para las necesidades de su planta, tiene que centrarse en las luces, el agua y los nutrientes. Para el cultivo de marihuana en interiores, también puede ser necesario controlar la temperatura, la humedad, el olor y muchos otros aspectos.

Paso 5: Seleccione sus semillas.

La selección de semillas es una de las partes más agradables del cultivo de la marihuana. Sólo hay tres especies del género Cannabis, pero también puedes elegir entre muchos híbridos que los entusiastas de la marihuana desarrollaron en los años anteriores. Las cepas vienen en nombres divertidos, misteriosos e interesantes. Puede resultar bastante confuso ya que los nombres de las cepas pueden no estar relacionados con sus propiedades ventajosas.

Antes de comprar semillas, busque las diferentes variedades online. Es necesario considerar diferentes cosas cuando se trata de la selección de semillas. Como principiante, tiene que investigar qué cepas son fáciles de cultivar y altamente resistentes. Además, debe conocer las mejores variedades para su condición médica si está planeando cultivar marihuana para el tratamiento. También debería sopesar la idoneidad de las variedades para el cultivo en exteriores o interiores. También vale la pena conocer la cantidad y la calidad de su rendimiento esperado.

Después de elegir las cepas que desea comprar, es el momento de buscar un proveedor. Puede comprar en una tienda física o online. También puede referirse a criadores individuales. Verifique siempre la legitimidad de su proveedor para garantizar que está comprando la variedad adecuada para sus objetivos de plantación.

Paso 6: Germine sus semillas.

La germinación es el proceso de permitir que sus semillas broten. Tomará de unos días a una semana. Hay varios métodos para hacerlo. Cada método requiere un conjunto diferente de materiales. También hay condiciones que debe cumplir para asegurarse de que la germinación de las semillas se lleve a cabo. En algunos métodos, es posible que necesite un trasplante y eso requiere pautas adicionales que debe seguir.

Paso 7: Cuide sus plantas. Esto implica:

- *Proporcionar luz, agua y nutrientes*

- *Entrenamiento de sus plantas*
- *Prevención y manejo de posibles problemas de las plantas e infestaciones de plagas*

El cuidado adecuado de las plantas es diferente para cada fase de crecimiento. Las plantas de marihuana pasan por cuatro fases de crecimiento y estas son: fase de plántula, fase vegetativa, fase de prefloración y fase de floración. Aparte de las fases, el cuidado adecuado de las plantas también es diferente entre el cultivo en exteriores y en interiores. Este paso será el que más tiempo lleve. También está destinado a ser el más difícil.

Paso 8: Recolecte sus productos.

La mejor parte de cultivar una planta es poder cosechar y utilizar los frutos de su trabajo, o en el caso de la marihuana, las flores. No necesita un gran laboratorio o un título para preparar su propio remedio natural a partir de la marihuana. Hay preparaciones básicas que puede probar.

Los pasos mencionados anteriormente son sólo una visión general del proceso de cultivo real. En los capítulos siguientes se ofrecen directrices más detalladas. Ahora que ya está familiarizado con los pasos, puede proceder a elegir sus semillas.

Capítulo 4: Selección de semillas para la germinación de semillas

La selección de semillas en el cultivo de marihuana es mucho más compleja de lo que piensa. Algunos libros están dedicados exclusivamente a ese tema. Como principiante y como cultivador individual, no tiene que buscar tales libros por ahora. Si le interesa experimentar y cultivar diferentes semillas de marihuana, tal vez quiera invertir en un libro que ofrezca información detallada sobre ellas. Mientras tanto, simplemente tiene que concentrarse en las mejores semillas para los principiantes.

En este capítulo, usted conocerá los fundamentos de la selección de semillas y los métodos de germinación de las mismas. Sin embargo, tiene que recordar que tiene que preparar su jardín primero antes de hacer su búsqueda de semillas. Su jardín y los materiales deben estar listos para que pueda concentrarse en la germinación de las semillas más adelante.

Conozca las formas de preparar su jardín en los siguientes capítulos.

Tipos/especies

El cannabis es un miembro de la familia de las Cannabaceae, que también incluye plantas que se usan como adornos. Hay tres clasificaciones/especies de cannabis, pero también hay híbridos. Las tres especies principales son las siguientes:

Cannabis indica - Esta es nativa de Asia Central. Esta es ideal para el cultivo en interiores ya que no suele superar los 4 pies. La relajación corporal es uno de los beneficios de salud más notables de esta especie.

Cannabis sativa - Esta especie es *nativa del sudeste de* Asia. El cultivo en exteriores es la técnica más adecuada para esta especie porque tiende a crecer más allá de los 4 pies. La mejora del estado de ánimo es uno de los beneficios médicos notables de esta especie.

Cannabis ruderalis - Esta especie es nativa de Europa del Este. Crece en la naturaleza, lo que la convierte prácticamente en una planta de bajo mantenimiento. Sin embargo, tiene un bajo contenido de tetrahidrocannabinol o THC (el principal cannabinoide del cannabis) y no puede ser usado para fumar. Debido a esto, sus semillas rara vez se venden a cultivadores individuales.

Híbridos - Puede obtenerlos de bancos de semillas y de criadores individuales. Estas son la mejor opción si quiere obtener los beneficios de dos especies de Cannabis diferentes. Incluso se pueden buscar cepas de plantas de *C. ruderalis* para los híbridos porque, aunque son menos terapéuticas que otras especies, tienden a ser muy resistentes.

Hembras vs Machos

Las plantas de marihuana están compuestas por hembras y machos. La diferencia básica entre los dos son sus flores. Las flores de las plantas masculinas de marihuana no tienen ningún valor para los cultivadores individuales que simplemente quieren las plantas para la medicación y la relajación. Sólo debe dejar que los machos se desarrollen si desea cosechar semillas para futuros cultivos, para la cría de variedades o para la venta.

Sin embargo, el género de una semilla de marihuana no está predeterminado como el de los humanos o animales. Se supone que cada semilla es 50% femenina y 50% masculina. Si se tropieza con gráficos que detallan las diferencias físicas de las semillas de marihuana femeninas y masculinas, lo más probable es que sean falsos.

En este momento, las semillas feminizadas son su mejor apuesta para conseguir las útiles flores de marihuana. Estas semillas se crían específicamente para ser 99% hembras. Pero, hay un 1% restante de posibilidades de que se conviertan en hermafroditas o que desarrollen rasgos masculinos. Esto significa que no le proporcionarán las flores que usted espera. Para evitar que esto suceda, asegúrese de que sus plantas de marihuana nunca estén sujetas a condiciones estresantes.

Además, debe estar atento a los primeros signos de las plantas masculinas de marihuana, incluso si utiliza semillas feminizadas. La forma más segura de saber si las semillas son masculinas o femeninas es esperar a que florezcan. Sin embargo, no puede permitirse el lujo de hacerlo, ya que los brotes masculinos tienen polen y éstos pueden polinizar o fertilizar los brotes femeninos, provocando que éstos formen semillas y haciendo que no puedan ser utilizados para el tratamiento o la relajación.

La forma correcta de manejar una posible planta masculina de marihuana es esperar a que pase a la fase de prefloración. Esto viene después de la fase vegetativa o alrededor de la sexta semana de la planta desde la germinación. La fase vegetativa se puede comparar con la infancia, mientras que la prefloración es la pubertad. En la primera, la planta sólo obtiene tallos más gruesos, desarrolla hojas más y más grandes, y crece más alto. En la fase de prefloración, desarrolla los brotes, que están unidos a su tallo principal, cerca del punto de encuentro de las hojas y el tallo. En el caso de las hembras, las yemas tienen dos o más pelos blancos, que se denominan pistilos. Para los machos, las yemas tienen las llamadas bolas que son en realidad sacos de polen. Retire la planta con los brotes esféricos desde el principio para evitar que los sacos de polen se revienten y esparzan su contenido a las plantas femeninas de marihuana.

Semillas de auto-floración

Cuando compre semillas de marihuana, se encontrará con el término semillas de auto-floración. Vale la pena considerarlas si va a cultivar varias plantas o si sólo quiere cosechar las flores. Se necesitan 24 horas de luz para que una semilla de marihuana normal crezca y un ciclo de luz de 12 horas para que florezca. En contraste, una planta de marihuana de una semilla auto-floreciente puede florecer incluso sin 12 horas de oscuridad como en el caso de las plantas de marihuana normales. Siempre y cuando haya al menos 12 horas de luz cada día, la planta puede florecer. No es necesario ajustar la iluminación ni separar las plantas de semillero, las plantas de vegetación y las de flor. No tiene que esperar mucho tiempo para que produzca flores también. Puede disfrutar de su cosecha después de 2 a 3 meses.

Las mejores cepas para principiantes

Algunas variedades de marihuana son relativamente fáciles de cultivar y resistentes. Estas son las opciones recomendadas para los principiantes. Las variedades que florecen rápidamente y producen un alto rendimiento requieren el mayor cuidado y atención para su cultivo. Muchos de ellos son incapaces de tolerar condiciones de alto estrés, por lo que es posible que no se tomen buenas decisiones por parte de los cultivadores primerizos que están obligados a cometer errores como parte del proceso de aprendizaje. Puede experimentar con variedades de alto rendimiento, auto-floración, altamente potentes y otras más beneficiosas más adelante, pero por ahora, céntrese en las variedades que podría cultivar incluso con sus limitadas habilidades de jardinería.

Las mejores cepas para los principiantes son las siguientes:

- Queso azul - conocido por sus brotes más pegajosos que los normales. Esta variedad es adecuada para la jardinería de interiores porque puede crecer bien en espacios reducidos y bajo luces LED. También tiene una alta resistencia contra el moho y otros problemas de las plantas. También puede soportar el riego excesivo y el riego insuficiente.

- Jack Herer - llamado así por un pionero en la legalización de la marihuana. Esta prospera tanto si se cultiva en exteriores como en interiores. También tiene un tamaño compacto que la convierte en la elección ideal para los cultivadores que quieren mantener su empresa de plantación discreta.

- Northern Light - notable por ser menos olorosa en comparación con la mayoría de las cepas. Esta es perfecto para los aspirantes a cultivadores que viven en apartamentos, condominios o cualquier otro edificio donde la proximidad y la presencia de plantas de marihuana puede irritar a los vecinos. Las plantas de esta cepa también pueden soportar temperaturas inferiores a las ideales y un riego excesivo.

- Skunk - considerado como uno de los clásicos. Puede cultivarse en suelo o en medios de cultivo sin suelo (en el caso de la hidroponía). Puede crecer incluso cuando se le presta menos atención. A diferencia de otras cepas, no se estira mucho cuando desarrolla las flores.

- White Widow - uno de los favoritos de todos los tiempos. No está claro cómo llegó a existir esta variedad, pero la mayoría de los principales bancos de semillas de hoy en día ofrecen esto. Es muy apreciada por su potencia, sabor limpio, efecto energizante y resistencia como planta. Se puede cultivar en interiores y exteriores, incluso en lugares como Escandinavia y el Reino Unido donde el clima no es ideal para la planta de marihuana regular.

Estas son sólo recomendaciones. Todavía puede deshacerse de ellas si encuentra otra cepa de marihuana resistente y de bajo mantenimiento.

Posibles fuentes de semillas

Usted tiene tres posibles fuentes de semillas de marihuana: tiendas físicas, tiendas online y criadores individuales. Las tiendas físicas que ofrecen estas semillas son todavía bastante raras en muchas partes del mundo. Por lo tanto, es más sensato comprar en tiendas online y en criadores individuales.

Las tiendas online (o bancos de semillas, como se les llama en la comunidad del cannabis) son conocidas por las numerosas variedades que ofrecen. Ofrecen cepas originales junto con sus respectivas versiones de los clásicos. En comparación con los criadores individuales, los bancos de semillas onlind son más fiables a la hora de proporcionar semillas auto-florecientes y feminizadas. También dan consejos sobre cómo cultivarlas. A continuación se presentan los pasos para comprar semillas de marihuana online:

- Haga una lista de bancos de semillas confiables visitando foros, leyendo reseñas y preguntando a los cultivadores de marihuana entre sus amigos.

- Conozca los métodos de entrega que emplean. Busque los problemas que puedan haber encontrado los compradores anteriores. Estos problemas pueden incluir el bloqueo en las fronteras o la confiscación por parte de las autoridades.

- Simplifique su lista eliminando los bancos de semillas que no se adapten a su área.

- Vaya a las páginas web de los bancos de semillas de su lista.

- Revise sus cepas disponibles. Vea si tienen los recomendados para principiantes. Algunos de los principales bancos de semillas ofrecen más variantes de dichas cepas, que pueden proceder de sus propios obtentores internos o de sus socios de confianza.

- Antes de hacer un pedido, mire las opciones de pago junto con los descuentos que puede obtener. Las tres opciones principales son el efectivo, las tarjetas de crédito y los sistemas de pago online como PayPal. Algunos te dejan pagar con monedas de bits. PayPal ofrece la mejor protección al consumidor online, pero no permite transacciones que involucren semillas y productos de marihuana en su sistema. Pague en efectivo o con tarjeta de crédito con discreción. Si tiene problemas con esto, puede enviar un correo electrónico o un mensaje a su posible proveedor en su sitio web sobre otras opciones de pago.

- Una vez que haya resuelto sus problemas con la opción de pago, puede proceder a realizar un pedido. Indique el número de semillas que desea comprar. Proporcione su información de entrega y pague usando su opción preferida. Espere la confirmación de su pedido. Tome nota de la fecha de entrega prevista.

- Espera hasta que sus semillas sean entregadas. Si su pedido no llegó en la fecha de entrega prevista, póngase en contacto con el banco de semillas. Los estrictos controles fronterizos podrían tener algo que ver con esto. En cualquier caso, un banco de semillas de buena reputación tratará de reemplazarlo.

Si la idea de comprar semillas de marihuana online le asusta, puede acudir a los criadores individuales locales. Puede referirse a sus amigos que usan y cultivan marihuana para que le den recomendaciones. La ventaja de comprar semillas de un proveedor local es poder reunirse con él y ver las semillas antes del pago. No hay necesidad de que usted introduzca información personal online. El inconveniente es que el número de variedades que puede elegir es bastante limitado, pero al menos tiene la seguridad de que puedes obtener semillas de inmediato.

Inspección de semillas

Una vez que lleguen las semillas que ha pedido por Internet o si aprovecha la oportunidad de verlas antes de comprarlas, intente deshacerse de las que no son saludables ya que no es probable que germinen. Primero, tiene que separar las semillas sanas. Una semilla de marihuana saludable tiene la forma de una lágrima, aproximadamente 3/16 de pulgada de largo y 1/8 de pulgada de ancho. Su caparazón es marrón con algunas rayas más oscuras. Por el contrario, las semillas no saludables son diminutas, suaves, blanquecinas, amarillentas o verdosas.

Lo ideal es que las semillas saludables se conviertan en plantas fuertes. Sin embargo, los cultivadores veteranos saben que la calidad de la semilla tiene menos que ver con la salud futura de las plantas. Mientras las semillas sean capaces de germinar, entonces todo está bien. La forma en que usted cuide sus plantas es un factor más importante para asegurar su buena salud.

Germinación de semillas

La germinación de semillas es una tarea sencilla y divertida pero también es fácil cometer errores en esta tarea. Tiene que ser amable, ya que las semillas son vulnerables. También debería aprender a esperar pacientemente. No vaya a verlos cada minuto o cada hora después de dejarlos brotar. Dependiendo de las condiciones de germinación y del método utilizado, pueden brotar en un plazo de 2 a 7 días. Debe hacer esto en primavera para que sus plantas puedan aprovechar más días de verano más adelante. Puede elegir uno de los cuatro métodos de germinación que se indican a continuación:

Método 1: Cubo de arranque

Las semillas de marihuana no son baratas, por lo que no querrá desperdiciar ninguna de las suyas.

Para los principiantes como usted, es muy recomendable utilizar cubos de arranque para germinar sus semillas. El índice de éxito de este método es el más alto del grupo. A continuación se detallan los pasos para germinar con los cubos de inicio:

- Compre un paquete de cubos de arranque que sea ideal para su técnica de cultivo. (Algunos no son aptos para el cultivo hidropónico, así que compre con prudencia).

- Prepare los cubos de arranque como se indica en el envase. Algunos requieren ser remojados en agua mientras que otros pueden ser usados sin ninguna preparación especial.

- Después de eso, coloque cada semilla en su propio cubo de arranque. Ya hay un agujero precortado en cada cubo. Todo lo que tiene que hacer es poner la semilla en el agujero. Cierre el agujero pellizcándolo suavemente.

- Agua según las indicaciones en el embalaje de los cubos iniciados.

Es probable que sus semillas broten después de uno a tres días con este método. El siguiente paso es trasplantar sus plantones en un contenedor más grande. O bien, puede plantar el cubo de arranque completo directamente en su medio de cultivo principal. Sólo asegúrese de que los cubos de arranque que use sean biodegradables.

Tenga en cuenta que el trasplante debe realizarse con la pequeña raíz primaria blanca hacia abajo. El medio de cultivo también debe ser húmedo. Estos se aplican a todas las plántulas independientemente de los métodos de germinación empleados.

Método 2: Vaso de agua

La germinación de semillas con un vaso de agua es más barata que la utilización de cubos de arranque. Otra cosa buena de este método es que puede despertar viejas semillas y hacerlas viables para plantarlas de nuevo. A continuación se detallan los pasos para germinar con un vaso de agua.

- Consiga un vaso pequeño y transparente y llénelo con agua ligeramente tibia.

- Ponga en remojo sus semillas en el vaso de agua durante 24 a 32 horas.

- Prepare su medio de cultivo mientras espera.

Las semillas viables flotarán y se hundirán después. Cada una de estas semillas tendrá una pequeña raíz primaria blanca. Transplántelas si han pasado 24 horas desde que las empapó. No las ponga en remojo más allá de 32 horas, ya que podrían ahogarse y no germinar en absoluto. Si algunas no germinan, intente usar otros métodos de germinación.

Método 3: Toalla de papel

El uso de la toalla de papel es otro método de germinación de bajo costo. Sin embargo, esto puede ser un poco arriesgado. Recuerde siempre ser amable y dejar que sus semillas broten en paz. A continuación se detallan los pasos para realizar la geminación con una toalla de papel:

- Consigue un pedazo de toalla de papel y dos platos. Coloque el pedazo de toalla en uno de los platos. Mojar la mitad de la toalla de papel.

- Ponga las semillas en la parte humedecida de la toalla de papel y luego dóblela. Cúbralo con el otro plato. Esto mantiene la humedad en el interior. Sin ella, las semillas se secarán y morirán.

- Compruebe si hay brotes cada 12 horas. Prepare su medio de cultivo mientras espera.

Puede tomar de uno a cuatro días antes de que las semillas broten. Las semillas más antiguas pueden tardar más tiempo que eso. Antes de transplantar una planta de semillero, cree un agujero (de aproximadamente 1 pulgada de profundidad) en su medio de cultivo.

Método 4: Medio de cultivo principal

Los tres métodos anteriores implican el trasplante de semillas, pero no es necesario hacerlo si germina las semillas directamente en su medio de cultivo principal. Con este método, usted no terminará de sorprender y lastimar sus semillas mientras las trasplanta. Sin embargo, la tasa de germinación de este método no es tan buena como la de los otros. También existe la posibilidad de que las semillas puedan ser pisadas y aplastadas cuando se las deja brotar en exteriores. Si aún así quiere correr el riesgo, a continuación se indican los pasos para germinar utilizando su principal medio de cultivo:

- Prepare su medio de cultivo. Se trata de un suelo o sin suelo (como el de coco). Puede ser en maceta o no.

- Sus semillas necesitan calor para germinar. Puede satisfacer esta necesidad colocando una almohadilla térmica o instalando una luz cerca de su medio de cultivo.

- Humedezca su medio de cultivo y cree agujeros tan grandes como sus semillas y de aproximadamente 1 pulgada de profundidad.

- Coloque una semilla en cada agujero. Para la germinación en exteriores, las semillas deben estar entre 3 y 5 pies de distancia entre sí. Para la germinación en interiores, una semilla por maceta es suficiente.

- Mantenga el medio de cultivo húmedo pero no demasiado húmedo ya que las semillas podrían ahogarse.

- Permita que sus semillas crezcan.

Si han pasado 10 días desde que se plantaron las semillas y no han salido las raíces, es seguro asumir que ya han muerto. Eso hace que el intento de germinación sea una pérdida de tiempo y dinero. Para ayudar a asegurar que pocas de sus semillas sobrevivan y se conviertan en plántulas, emplee dos o más métodos de germinación.

Capítulo 5: Cultivo en exteriores

El cannabis ha prosperado en exteriores durante cientos de años. Como aspirante a cultivador, debería poder probar el cultivo en exteriores al menos una vez. Tal vez, los principales factores que pueden impedir que lo haga incluyen, la ley, la falta de espacio al aire libre y el pensamiento de que los niños, las mascotas o alguien más ensucie sus plantas de marihuana. Si se le permite y tiene el espacio para hacerlo, entonces pruébelo. En cuanto a los niños, mascotas u otras personas que puedan ensuciar su plantación en casa, siempre puede instalar una valla para proteger sus plantas de la intrusión.

Hay muchos beneficios en el cultivo de marihuana en exteriores. Con este método, no necesita comprar macetas a menos que vaya a hacerlo en su terraza o cubierta del tejado. También puede aprovechar la luz del sol, el agua de lluvia y el dióxido de carbono. Esto también le permite aplicar los métodos de agricultura orgánica que son orgánicos. Todo esto hace que el cultivo en exteriores sea menos costoso que el cultivo en interiores.

Las plantas de cannabis son resistentes gracias a que se cultivan en la naturaleza durante años, por lo que la preparación del lugar de plantación no debería ser tan difícil. Otra cosa buena de esto es que puede rendir más porque puede usar plantas con mejor follaje. Con ello, las hojas pueden someterse a una fotosíntesis que proporcionará a la planta más energía para producir más tarde las flores.

Recuerde que se llama hierba por una razón. Puede crecer casi en los lugares más aleatorios y, a veces, en los momentos más aleatorios. Los derivados de las plantas de marihuana al aire libre también son conocidos por tener mejor sabor y aroma.

Para cosechar los beneficios del cultivo de marihuana en exteriores, tiene que pasar mucho tiempo en la preparación del jardín. La preparación de todos los equipos hace que los últimos pasos del cultivo sean más fáciles y rápidos.

Preparación del Jardín

Lo mejor es empezar a preparar el jardín a principios de la primavera. Hágalo como parte de su limpieza anual de primavera. En lugar de simplemente despejar su casa, también debe deshacerse de los desechos de jardín que la temporada anterior dejaron en su patio. Una vez que haya terminado con la limpieza general de su jardín. Es hora de elegir un lugar para su mini plantación de marihuana.

Ubicación

Debe elegir un lugar donde sus plantas de marihuana reciban la mayor cantidad de luz solar. Por lo tanto, las áreas cerca o debajo de los árboles o los toldos de su casa no son ideales. Además, el lugar debe estar alejado de las áreas donde hay agua estancada. Las plantas estarán bajo mucho estrés si lo haces. Aparte de eso, el agua estancada puede atraer plagas. También debe considerar el espacio entre sus plantas (de 3 a 5 pies de distancia entre ellas). Esto es para permitir que sus plantas crezcan libremente y para que ustedes se muevan entre ellas con tanta facilidad. Debe planificar y establecer el drenaje de su jardín cuando haya terminado de elegir el lugar adecuado.

Si está instalando su jardín en una terraza o en la azotea, asegúrese de que sus plantas estén elevadas. El suelo, especialmente si es de baldosas, puede estar demasiado caliente como para que las raíces de sus plantas de marihuana se vean sometidas a un gran estrés. Puede elevar sus plantas colocando una plataforma de madera, ya que el material es un buen aislante del calor. Simplemente puede crear una caja rectangular y perforar los agujeros donde colocará las macetas. Recubra su plataforma de madera con un acabado resistente al agua. Asegúrese de que haya bandejas o platillos debajo de las ollas. Estos están destinados a captar el agua de escorrentía de las plantas en maceta.

Suelo

Lo primero que debe hacer es deshacerse de los pastos o las malas hierbas en el lugar de la plantación. La vista de estos organismos puede significar un problema, pero su presencia en realidad indica que el sitio es bueno para las plantas de marihuana. Si tiene otras plantas valiosas en él, transfiéralo a otro lugar. Utilice un rastrillo para eliminar aún más los escombros en el área. No considere la posibilidad de que un trozo de cristal roto bloquee o dañe la raíz de sus próximas plantas de marihuana.

La preparación del suelo requiere la comprobación del nivel de pH. Puede comprar un kit de análisis de suelo en la mayoría de las tiendas de jardinería para conocer el nivel de pH de su suelo. No existe una tierra perfecta para el cultivo de marihuana, pero el nivel de pH ideal de su tierra debe estar entre 5.8 y 6.5.

Si el nivel de pH de su suelo no está dentro de dicho rango, tiene que mejorarlo añadiendo abono y otros fertilizantes orgánicos como harina de huesos, harina de sangre, lombrices, estiércol envejecido y guano de murciélago. También puede añadir un poco de mantillo biodegradable. Los fertilizantes químicos son más fáciles de conseguir pero pueden dañar su suelo a largo plazo, impidiéndole plantar con regularidad. Una vez que el suelo se contamina, hay que dejarlo reposar durante un tiempo y tratarlo con enmiendas orgánicas para el suelo.

El tipo de suelo en su jardín también es importante. Es probable que el kit de análisis de suelo que va a comprar tenga una herramienta que le ayude a saber si su suelo es arcilloso, arenoso o limoso. También puede confiar en su observación. La arcilla tiende a pegarse mientras que la arena está demasiado suelta. La tierra limosa es la más ideal porque puede pegarse pero drena bien, lo cual es muy preferido por las plantas de marihuana. La marga contiene limo, arena, arcilla y materia orgánica.

Para saber qué tipo de tierra tiene, coja un puñado de tierra y apriételo. Si tiende a formar una bola, probablemente es arcilla y puede que necesite aumentar la cantidad de limo, arena y materia orgánica en su suelo. Si tiende a desmoronarse, probablemente es arena y puede que tenga que añadir arcilla, limo y materia orgánica para equilibrarlo.

Cuando termine de tratarlo, vierta agua en su tierra. Si drena bien pero permanece húmedo, usted ha logrado el tipo de suelo propicio para su cultivo de marihuana.

Suministro de agua

Las plantas de marihuana requieren mucha agua para prosperar. No tendrá muchos problemas si vive en un lugar donde llueve mucho. Si rara vez llueve por su casa, incluso en primavera, debe comprar una manguera extensa o colocar un grifo de agua cerca. También vale la pena tener un arroyo u otros cuerpos de agua cerca de su casa. Puede obtener agua de los cuerpos de agua de forma gratuita, pero requiere mucho tiempo y esfuerzo.

Protección

Las plantas de marihuana de exteriores tienen tres enemigos principales: el viento, los animales y los humanos. No hay mucho que pueda hacer para controlar el viento, pero si hay un lado montañoso en donde vive, puede ser usado como un escudo natural contra el viento. Si no hay colinas, no tiene otra opción que poner una valla. Esto no sólo protege a sus plantas contra el viento, sino posiblemente también contra los animales grandes y los seres humanos.

Sin embargo, eso no es suficiente. Necesita rodear su mini plantación de marihuana con arbustos espinosos para evitar que animales pequeños como los conejos ensucien su jardín. También puede plantar otras plantas más altas como el maíz. La baya del saúco y el bambú son buenos escudos para las plantas de marihuana.

Una vez que todo esté listo, puedes comenzar su búsqueda de las mejores variedades para el cultivo de marihuana en exteriores. Mientras espera sus semillas, decida los métodos de germinación que debe emplear. Escoja al menos dos. Para el cultivo en exteriores, puede que quiera germinar algunas de sus semillas directamente en el suelo. Si opta por los cubos de arranque, cómprelos antes de comprar las semillas.

Después de germinar algunas semillas en el interior, puede transferirlas a macetas por un tiempo. Deje que crezcan primero en el interior mientras que las semillas permanecen en el exterior. Mantenga la tierra húmeda pero no demasiado húmeda ni demasiado empapada. Para las plantas de interiores, dales 24 horas de luz. Trasládelos al exterior después de 3 a 4 semanas.

Cuidado de las plantas

Después de transplantar las plántulas, usted está obligado a enfrentar la parte más agotadora del cultivo de la marihuana. Esto requiere que usted sea observador de la manera en que usted maneja sus plantas y la manera en que ellas responden al cuidado que usted provee.

Fase Vegetativa

Después de la fase de plántulas, sus plantas entrarán en la llamada fase vegetativa. Por lo general, es en el segundo mes después de la germinación. En esta fase, las plantas no harán más que crecer más hojas y tallos. Van a necesitar mucha agua, nutrientes y luz solar.

Durante esta etapa, debe regar sus plantas cada dos días si no llueve mucho. Si llueve mucho en una semana, puede que no necesite regar nada.

Cuando se trata de nutrientes, usted debe proporcionar nitrógeno, fósforo y potasio (NPK). La proporción entre los tres macronutrientes debe ser de 10-5-7. Añada también algunos micronutrientes como el zinc, el molibdeno, el magnesio y el hierro. Puede comprar todo esto en sus tiendas de jardinería preferidas.

En cuanto a la luz del sol, no se puede hacer mucho al respecto. Sin embargo, si hay árboles en su jardín que tienden a cubrir sus plantas de marihuana, debe recortar las ramas de dichos árboles.

Fase de prefloración

La fase entre la etapa vegetativa y la de floración también se conoce como estiramiento. Sin embargo, éste sólo tarda de 10 a 14 días. (Las fases vegetativa y de floración toman un mes o más.) En esta etapa, usted debe aumentar gradualmente el suministro de agua y los nutrientes que le da a sus plantas de marihuana. En cuanto a los nutrientes, debe ajustar la proporción de NPK a 5-10-7 o 5-50-17.

En esta fase, tiene que hacer la eliminación de sus plantas masculinas de marihuana. No espere hasta el día 14 para proceder con esta tarea. Las plantas masculinas de marihuana tienden a madurar más rápido que sus contrapartes femeninas, así que debes actuar lo antes posible.

Recuerde mirar el aspecto de los brotes. Los brotes masculinos tienden a parecerse a pequeñas bolas mientras que los brotes femeninos tienen pelos.

Fase de floración

Esta etapa puede tomar de 6 a 22 semanas. Esta es la etapa en la que finalmente puede ver la posible calidad y cantidad de su cosecha. Si utiliza fertilizantes químicos, debe disminuir el suministro durante la etapa de floración para evitar que las flores sepan y huelan a productos químicos. Deje de suministrar los nutrientes por completo en las últimas dos semanas. En esta fase, la planta dejará de crecer pero se centrará más en la producción de flores.

Problemas comunes de las plantas y sus soluciones

Como cultivador primerizo, es probable que cometa errores y que esto pueda afectar la salud de sus plantas de marihuana. Cuando llegan a la fase vegetativa, muchos de sus problemas de salud pueden manifestarse. A continuación se presentan algunos signos de problemas comunes con las plantas que muchos principiantes tienden a experimentar con sus plantas de marihuana al aire libre.

- Hojas caídas - Esto es un signo de exceso de riego. En muchos casos, el follaje permanece verde y delgado, pero se está cayendo por las cantidades excesivas de agua que reciben. La solución aquí es bastante fácil. Sólo tiene que disminuir las cantidades que proporciona pero si es bastante lluvioso donde usted vive y sus plantas están en el suelo, puede que quiera poner algo de cobertura al suelo. Mejore también el drenaje. Asegúrese de que no haya agua estancada cerca de sus plantas.

- Hojas cojeando - Esto es un signo de falta de agua. Tienes que aumentar las cantidades de agua que proporcionas. Aparte de eso, deshágase de las plantas o hierbas que puedan estar compitiendo con sus plantas de marihuana por el agua.

- Ventosas - Esto es un signo de estrés por calor. En este problema, las puntas de las hojas están apuntando hacia arriba mientras que los lados están enroscados en respuesta a demasiado calor. En la etapa de floración, además de las hojas ahuecadas, el crecimiento extensivo en la parte superior de las flores es otra señal de que las plantas están recibiendo demasiado calor. Puede ayudar a enfriarlas añadiendo un poco de agua.

Además, es posible que necesite proporcionar algo de sombra para evitar que el calor afecte a las flores de sus plantas de marihuana.

- Hojas con manchas marrones en las garras - Esto es un signo de quemadura por el viento. Las manchas marrones son en realidad quemaduras de vientos fuertes que sus plantas tuvieron que soportar en el exterior. Ayúdelas instalando una mejor valla para disminuir el impacto de los fuertes vientos sobre las plantas.

- Manchas marrones en las partes inferiores y medias de las hojas - signo de fluctuaciones de pH. El remedio aquí es añadir abono a sus plantas. Vale la pena tener su propio abono cerca.

Su marihuana puede encontrar muchos otros problemas con las plantas. Puede detectar estos problemas en sus hojas. Puede manifestarse como manchas marrones, márgenes o puntas quemadas y follaje amarillento. Esté siempre alerta porque estos problemas van a disminuir la potencia y la cantidad de su rendimiento. Además, tenga en cuenta los nutrientes que proporciona. La cantidad puede ser la causa de los problemas de la planta. Ajuste la cantidad que usted provee de acuerdo a esto.

Control de plagas

El control de plagas puede implicar el uso de soluciones orgánicas, soluciones químicas o una combinación de ambas. Puedes colocar una valla para ahuyentar a las plagas más grandes, pero para los bichos, la batalla es más dura. Las soluciones químicas son las más rápidas de las tres. Sin embargo, demasiado de estos puede causar que los bichos desarrollen resistencia. Terminará usando más, gastando más y contaminando su suelo. También puede afectar a su rendimiento. Las soluciones orgánicas pueden no ser efectivas pero al menos son seguras. Estos también son menos costosos. Entre los dos, las soluciones orgánicas son mejores a largo plazo, a menos que la infestación de la plaga sea severa.

Para una infestación terrible de plagas, una combinación de las dos es la más eficiente.

La detección es el primer paso en el control de plagas. Esta es otra razón para que usted inspeccione sus plantas regularmente. Además de los lados superiores del follaje, compruebe también los lados inferiores de las hojas y los tallos. Ampollas, picaduras, hojas brillantes y telarañas son algunos de los signos de infestaciones de insectos. Los trips, las moscas blancas, los escarabajos, las cochinillas, los minadores de las hojas, los pulgones, los ácaros, los caracoles y las babosas son algunas de las plagas que probablemente se den un festín con sus plantas de marihuana.

Organismos

Una solución orgánica es utilizar sus propias manos para eliminar las plagas visibles. Sólo use guantes protectores para esto. Recoger caracoles y babosas no debería ser un problema.

También puede buscar la ayuda de otros organismos. En realidad, usted puede combatir los insectos con la ayuda de otros insectos como las crisopas, las mantis religiosas y las mariquitas. Estos útiles insectos se están criando comercialmente para ayudar a los cultivadores a protegerse de las plagas orgánicamente. Además de los bichos mencionados, también puede reclutar tortugas, lagartijas o pájaros. Sin embargo, tiene que dejar algo de comida para atraerlos a su jardín. Tenga cuidado al usar este método si sólo tiene un pequeño jardín, ya que la ayuda que buscó podría terminar convirtiéndose en plagas al final, si no tiene muchas plagas de las que darse un festín. Sólo debe considerarlas si ya tiene plantas de alrededor de dos pies de altura. Si todavía son más cortas que eso, los animales útiles que usted está introduciendo pueden lastimarlas durante su fase vegetativa.

Pesticidas

En este momento, hay pesticidas orgánicos y químicos disponibles en muchas tiendas de jardinería y viveros. En la medida de lo posible, debe optar por los orgánicos, ya que están hechos específicamente con el mecanismo natural de control de plagas de la planta. De todos los pesticidas orgánicos que existen, el más buscado es el piretro. La desventaja de todos los pesticidas orgánicos es que, aunque se supone que son soluciones verdes, pueden matar incluso a los animales beneficiosos que están alrededor del área o a los animales que usted introdujo. Tenga en cuenta que no debe usarlos en las últimas semanas de floración.

Las plagas pueden ser indicativas de otros problemas en sus plantas o en su jardín. Puede que haya fluctuaciones de pH, que la tierra no drene bien o que sus plantas no se limpien correctamente. Trate estos problemas junto con la infestación de la plaga.

Prevención

La mejor solución contra las plagas es siempre la prevención. Antes de plantar, limpie bien su jardín y busque una posible infestación de plagas en su planta existente. También puede aplicar extracto de algas marinas en las raíces de sus plantas de marihuana mientras están en su fase vegetativa.

Remedios caseros

Una solución preventiva de bajo costo es que usted bañe sus plantas con agua y jabón suave. Para ello, consiga un galón de agua y mezcle dos cucharadas de jabón líquido suave. Ponga su solución en un frasco de aerosol y rocíela uniformemente sobre toda la planta. Espere dos minutos antes de enjuagarlw. Es importante deshacerse de la solución, ya que el jabón puede dañar las plantas si se deja durante demasiado tiempo.

También puede mezclar ajo picado y agua. Rociar esta mezcla puede mantener a los escarabajos y otros insectos alejados de sus plantas. Al igual que la solución de agua y jabón, debe lavar la mezcla de ajo y agua ya que pueden causar daños a las plantas. La desventaja del ajo es que el olor también puede afectarle. Lleve una mascarilla cuando la rocíe.

Algunos cultivadores usan alcohol junto con la solución de agua y jabón. Esto puede repeler caracoles y babosas en su jardín, pero demasiado alcohol puede afectar negativamente la producción de resina en sus plantas. Esto también podría afectar a la cantidad y calidad del rendimiento.

Puede encontrar otras recetas caseras para la prevención de plagas en Internet. Sin embargo, tenga cuidado y asegúrese de seguir las pautas.

Plantación de compañeros

Libere al jardinero que hay en usted empleando una plantación de acompañamiento para la prevención de plagas. Cebollas, coles, geranios, mentas y otras plantas que tienen un fuerte olor son buenos compañeros para sus plantas de marihuana. Su fuerte olor se debe en parte a los productos químicos que tienen y que son tóxicos para algunas plagas. El olor no sólo repele las plagas de las plantas olorosas, sino también al área donde se plantan.

Además de la prevención de plagas, esta técnica de plantación es beneficiosa para proporcionar un camuflaje adicional para sus plantas de marihuana. La desventaja de esto, aparte de la posibilidad de que no tenga idea de cómo plantarlas, es que pueden competir con sus plantas de marihuana por el agua y los nutrientes. Para evitar que esto suceda, asegúrese de que haya suficiente agua para las plantas de marihuana junto con sus plantas compañeras.

El cultivo de marihuana en exteriores hará que se enamore de la naturaleza. Dentro de unos meses, le agradecerá por ayudar a cultivar sus plantas de marihuana y por proporcionarle una abundante producción. Lo mejor que se puede hacer para devolver a la naturaleza es utilizar métodos de agricultura orgánica.

Capítulo 6: Cultivo en interiores

El cultivo de marihuana en interiores es una opción ideal si usted vive en un apartamento o condominio, o si no tiene suficiente espacio en su patio. Si eso es lo que dice la ley en su área, entonces no tienes otra opción que cultivar su marihuana en interiores. Debe tener una cerradura si vive con menores y mascotas o si sólo quiere evitar que los visitantes se metan en sus plantas mientras crecen tranquilamente.

Cultivar marihuana en interiores puede no ser la forma natural y tradicional, pero aún así tiene ventajas por sí mismo. Con este método, usted puede proporcionar una mejor seguridad para sus plantas contra la intrusión humana, el viento fuerte, las fuertes lluvias y los animales salvajes. Esto también le permite controlar muchos aspectos del cultivo como el suministro de agua y luz. Con este control, puede influir en que sus plantas florezcan antes que sus homólogas de exterior. Usted puede deshacerse eficazmente de las plantas macho y prevenir la posibilidad de polinización. En el exterior, es posible que no pueda hacer el trabajo perfectamente debido a la posibilidad de que el viento lleve el polen de las plantas macho de su zona. Es higiénico cultivar plantas de marihuana en interiores. La limpieza y su control hacen que el cultivo de marihuana en interiores sea una opción más adecuada que en exteriores para los cultivadores que buscan los beneficios médicos de las plantas.

Sin embargo, el cultivo de marihuana en interiores tiende a ser más caro que hacerlo en exteriores. Hay que prepararse para los costes, incluso si sólo se piensa en cultivar un puñado de plantas en macetas. Reserve un presupuesto para las facturas de servicios públicos, ya que va a utilizar mucho la electricidad y el agua. Una vez que haya creado un plan de gastos, es hora de empezar a trabajar en su jardín interior o cuarto de cultivo.

Preparación del jardín

A diferencia del cultivo en exteriores, no tiene que preocuparse por la temporada para iniciar su cultivo de marihuana en interiores. No va a depender demasiado de la luz del sol y el agua de lluvia de todos modos. Decida el número de plantas desde el principio para determinar el tamaño de su cuarto de cultivo.

Preparación de la habitación

Despeje la habitación que va a utilizar. Saque todos los muebles innecesarios. Deshágase de cortinas, ropa, alfombras o cualquier otro elemento donde pueda crecer el moho.

Debe haber una oscuridad total durante la fase de floración para no perturbar las plantas. Por lo tanto, la habitación donde quiere colocarlas no debe tener agujeros por donde puedan entrar las luces. Es importante que instale una habitación aunque esté planeando colocar sus plantas cerca de un alféizar durante la fase vegetativa. Cualquier luz que entre sin querer en la habitación puede confundir las plantas de marihuana y desencadenar su hermafroditismo durante la fase de floración. Tendrán flores sembradas. En general, la cantidad y la calidad de su rendimiento se verán afectadas.

Cubra las ventanas o cualquier agujero con materiales resistentes. La tela y el papel no son ideales porque pueden romperse y perforarse fácilmente. El papel no va bien con los derrames de agua. La tela puede convertirse en un caldo de cultivo para el moho. Puede sellar los agujeros con cinta reflectante opaca.

También debería haber drenaje. El agua estancada puede afectar al nivel de pH de su suelo cuando se deja durante mucho tiempo. También puede atraer a las plagas.

El cuarto de cultivo debe tener un área de 1 a 2 metros cuadrados. La distancia entre las lámparas y las plantas también es importante. Asegúrese de que las luces y sus plantas estén al menos a 50 centímetros de distancia entre sí.

Las cajas de cultivo y las carpas de cultivo también son dignas de consideración. Cada una puede contener al menos 8 plantas. Algunos pueden albergar hasta 200 plantas. Decida el número de plantas que vas a cultivar y luego elija la caja de cultivo apropiada o la tienda de cultivo si no quieres dedicar una habitación entera para cultivarlas.

Una caja o carpa de cultivo es un gran ahorro de espacio y tiempo. A menudo viene con sus propias luces y sistema de escape. También son resistentes al agua. Sólo tiene que hacer algunas cosas para que sean ideales para su cultivo de marihuana en interiores. La única desventaja es su precio. Sin embargo, puede reutilizarlo varias veces siempre y cuando lo cuide bien. También se puede utilizar para el cultivo hidropónico. Lo mejor de todo es que no requiere modificaciones excesivas en su casa.

Contenedor

Debe comprar macetas separadas para las plantas de semillero y las fases vegetativas. El tamaño adecuado de las macetas depende de la altura esperada de las plantas de marihuana. Para plantas de 1 a 2 pies, las macetas o contenedores de 3 a 5 galones son los más adecuados. Para las plantas de 3 pies, las macetas o contenedores de 5 a 7 galones son las más apropiadas, mientras que para las de 4 pies o más, las macetas o contenedores de 6 a 8 galones son las mejores opciones. También debe comprar platillos o bandejas que atrapen el agua de escorrentía.

Medio de cultivo

Consiga tierra orgánica como medio de cultivo. También puede optar por medios a base de coco, turba o esfagno. Debe asegurarse de que su medio de cultivo esté esterilizado. No se limite a obtener tierra al azar de lugares públicos ya que podrían tener huevos de plagas.

Iluminación artificial

El fotoperíodo es un aspecto importante del cultivo de la marihuana. El fotoperíodo se refiere al momento en que las plantas reciben la luz. Con el cultivo de interior, sólo se puede satisfacer esta necesidad de forma artificial.

Aunque coloque sus plantas junto al alféizar de la ventana, es importante proporcionarles una fuente de luz más estable. Para la marihuana cultivada en un armario o en un área pequeña, bastará con luces de baja potencia (250-400 vatios). Incluso puede optar por fluorescentes regulares para ello.

Para la marihuana cultivada en una habitación más espaciosa, se recomiendan luces de alta potencia (600-1000 vatios). Las bombillas y balastos de Haluro Metálico (MH) y Sodio de Alta Presión (HPS) son el equipo de iluminación ideal para ellas.

Cuando compre luces, siempre trate de encontrar si hay luces LED disponibles. Estas tienden a no calentarse tanto como las luces tradicionales.

Las luces LED cuestan más por adelantado pero son eficientes en cuanto a la energía y cuestan menos a largo plazo. Por el contrario, el HPS y el ML son menos costosos pero su uso tiende a costar más. Las luces LED también tienen un ventilador incorporado, mientras que HPS y ML requieren balastos que permitan la refrigeración. También va a necesitar un temporizador de salida porque las plantas requieren marcos de tiempo específicos para su fotoperíodo.

Mejore la reflexión de la luz en su cuarto de cultivo para usar la luz de manera más eficiente. Para habitaciones pequeñas, las mantas de emergencia son buenas opciones porque pueden reflejar hasta el 70% de la luz. Estos están disponibles en las tiendas de camping. La pintura blanca y el mylar aluminizado son más adecuados y más eficientes para reflejar la luz en cuartos de cultivo de gran tamaño. La pintura blanca es barata y fácil de aplicar. Puede reflejar hasta el 85% de la luz. Otro punto positivo es su facilidad de mantenimiento. El Mylar es el más eficiente con un 97% de reflexión de la luz, pero también es el más caro. Nunca use papel de aluminio. No reflejan bien la luz. Aparte de eso, es un peligro de incendio y difícil de colocar.

Ventilación

Debe haber ventiladores con conductos que proporcionen aire a las luces y que arrastren el calor de dichas luces fuera del cuarto de cultivo. Esto también ayuda en el control de la temperatura. Esto ayuda a disminuir el olor de la marihuana también.

Cuando compre ventiladores, siempre tenga en cuenta el nivel de ruido para su funcionamiento y busque algo con un alto índice de CFM. Los ventiladores online son dignos de consideración porque son fáciles de conectar a los conductos existentes.

Temperatura

El rango de temperatura ideal del cuarto de cultivo es de 24 a 30 grados centígrados. Compre e instale cubiertas de vidrio para evitar que el calor de las luces queme sus plantas. En el caso de las luces LED, no se necesita en absoluto una carcasa de cristal. Instale un termómetro para ayudarle a manejar los niveles de temperatura.

Olfato

Deshágase del olor rancio con la ayuda de un filtro de carbón. Coloque el filtro de carbón en su ventilador de escape. También puede utilizar generadores de ozono.

Humedad

Compre un humidificador, un deshumidificador y un medidor de humedad para su cuarto de cultivo. Las diferentes fases de crecimiento de las plantas de marihuana requieren diferentes niveles de humedad. Esto también ayuda a manejar una posible infestación de moho.

Nutrientes

Utilice algas marinas, guano de murciélago y otros nutrientes orgánicos. Puede comprarlos por separado o puede comprarlos junto con la tierra orgánica que compra. Evite los nutrientes artificiales debido a su alto contenido en sal.

Los nutrientes para el cultivo de marihuana en interior son los mismos que para el exterior. Compre paquetes de macro y micronutrientes en las tiendas de jardinería cercanas. Consulte el envase para saber la cantidad correcta para cada fase y la preparación.

Agua

El agua del grifo ya es una buena opción para sus plantas. Sin embargo, usted quiere saber primero el nivel de pH del agua. Debe estar dentro del rango de 5.8 a 7. Puede aumentar el nivel de pH del agua añadiendo rodajas de cal o ceniza de madera. También puede comprar una solución premezclada. Añada una solución reductora de pH si el nivel de pH es demasiado alto.

Una vez que terminen de preparar estas cosas, pueden proceder a la selección de la semilla. Opte por variedades más cortas que las plantas de cannabis tradicionales.

Cuidado de la planta y entrenamiento

El cuidado de las plantas de marihuana de interior es diferente porque el entrenamiento no es opcional pero sí necesario. La formación consiste en controlar el crecimiento de las plantas modificándolas. Esto es para evitar que sus tallos y hojas se desparramen por toda la habitación. Esto es para asegurar un crecimiento más corto así como un dosel más denso.

Fase de siembra

En esta fase, las plantas necesitan de 18 a 24 horas de luz. Las lámparas de menor intensidad son ideales para la fase de siembra. Suministrar los nutrientes necesarios en el agua. Empiece con una pequeña cantidad y luego aumente gradualmente a medida que sus plantas crecen. La humedad debe ser del 70% al 80%. Utilice un humidificador para alcanzar dichos niveles de humedad.

Fase Vegetativa

Durante esta fase, es posible que tenga que transferir sus plantas a macetas más grandes. Si las plantas permanecen en su pequeña maceta durante mucho tiempo, es posible que sus raíces no puedan crecer adecuadamente. Esto también afecta al crecimiento de las plantas completas. Para transferir, sujete toda la tierra junto con las raíces.

Deje que las plantas vegeten antes de inducirlas a florecer. En esta fase, las plantas de marihuana de interiores requieren al menos 16 horas de luz. Si desea acelerar la fase vegetativa, puede dar a sus plantas de 18 a 20 horas de luz.

Reduzca el nivel de humedad en esta fase también. Debería estar entre el 50% y el 70%. Puede alcanzar este rango usando un deshumidificador. También puede optar por aumentar la velocidad del ventilador de escape.

Emplee el entrenamiento durante la fase vegetativa cuando las plantas crecen dos o tres veces más que su altura original. El topping y el pinzamiento son métodos de entrenamiento comunes. Estos son simples y no requieren ningún equipo especial.

En el topping, se corta el tallo principal a la altura de la planta preferida. Mientras que el tallo principal se cura, otros tallos de las plantas se desarrollan más rápido de lo habitual. Si los otros tallos crecen a una altura no deseada, puede volver a emplear el topping. Sin embargo, no aplique este método de entrenamiento más de tres veces, ya que puede disminuir la calidad y la cantidad del rendimiento.

El pellizco es similar a la cobertura, pero en lugar de cortar, sólo necesita pellizcar el tallo principal. Los tallos inferiores se desarrollan más rápidamente mientras que el tallo principal se cura. Las plantas pueden crecer más altas ya que el tallo principal puede desarrollarse después de que se haya curado.

El entrenamiento de bajo estrés (LSTing) es otra forma de entrenar a sus plantas de marihuana. En este método, usted va a doblar y atar los tallos de sus plantas. Sin embargo, es necesario emplear primero el topping . Unas semanas después, haga el doblado y el atado de los tallos. Este entrenamiento también se aplica a las plantas de marihuana de exterior si es probable que crezcan más de 5 pies.

La técnica de entrenamiento avanzada incluye la Pantalla de Verde (SCROG). Esto requiere una pantalla en forma de malla gallinera. Esta malla se coloca en la parte superior de las plantas para evitar que los tallos crezcan más allá de ella. Esto requiere un tiempo adecuado. No induzca la floración hasta que el 70% a 80% de la malla esté llena. Si la pantalla está demasiado llena, puede atestarse y los brotes pueden no desarrollarse adecuadamente en flores. Si induce la floración mientras todavía hay mucho espacio en su pantalla, terminará con un espacio desperdiciado.

Fase de prefloración

Cuando las plantas de marihuana hayan crecido hasta su altura preferida, es el momento de inducirlas a florecer. Para la fase de prefloración, hay que hacer el ciclo de 12 horas de luz y 12 horas de oscuridad. Durante esta fase, tiene que deshacerse de las plantas masculinas de marihuana.

Fase de floración

En esta fase se necesitan las luces más fuertes. Si utiliza luces LED, añada más en este escenario, pero asegúrese de apagarlas cada 12 horas y dejarlas encendidas durante 12 horas. Un temporizador de salida puede ayudarle a mantener este ciclo de forma más eficiente. Las plantas de auto-floración no necesitarán este ciclo. Puede mantenerlo en la habitación donde otros están todavía en su fase de semillero o vegetativa. En esta fase se reduce aún más el nivel de humedad para mantener a raya las enfermedades. El nivel de humedad ideal para la fase de floración oscila entre el 40% y el 50%.

Hidroponía

Con el cultivo en interiores, también puedes aplicar la hidroponía después de aprender lo básico. Esta técnica consiste en sustituir el medio tradicional de la tierra por un fertilizante soluble en agua. Le ayuda a producir más flores en un período de tiempo más corto, pero hay un inconveniente: establecer y operar un sistema hidropónico es un esfuerzo desafiante y costoso. Vale la pena considerar esto si tiene planes de vender sus productos después. Las siguientes son seis opciones que puede elegir para un sistema hidropónico:

- Sistema Aeropónico - este es el más efectivo pero el más caro. Esto implica una neblina que rocía nutrientes a las raíces de las plantas de marihuana y una caja oscura sellada donde las raíces se mantienen colgando. En comparación con otros medios de cultivo, esto significa que las plantas pueden obtener más oxígeno. El problema con esto es que cuando hay una interrupción de energía, la niebla dejará de funcionar y sus plantas morirán.

- Cultivo de aguas profundas - esto es relativamente fácil de mantener cuando se compara con otros sistemas hidropónicos. Las raíces de las plantas de marihuana están en una solución nutritiva oxigenada. El problema con esto, sin embargo, es que las plantas también pueden morir cuando hay una interrupción de energía y el sistema deja de funcionar. Los guijarros de arcilla de Hidroton y la lana de roca son posibles medios de crecimiento para este sistema hidropónico.

- Película Nutritiva - esto también es efectivo para lograr un mayor rendimiento, pero esto es para los cultivadores experimentados. Esto requiere experiencia en el manejo de la bandeja inclinada, la principal característica de este sistema hidropónico. Múltiples plantas de marihuana se ponen en dicha bandeja. Los nutrientes son transportados por avión en dicha bandeja y luego son bombeados de vuelta.

- Flujo y reflujo - esto tiene un mecanismo relativamente simple. Esto implica contenedores de plantas y un depósito de nutrientes. La turba de coco y la lana de roca son los medios de cultivo destinados a este sistema hidropónico. Con un sistema de flujo y reflujo, el depósito de nutrientes proporciona una solución rica en nutrientes a los contenedores de sus plantas en determinados períodos. La solución vuelve lentamente al depósito y éste la suministra de nuevo.

- Alimentación superior/ alimentación por goteo - funciona de manera similar al sistema de flujo y reflujo. La diferencia es que los nutrientes se gotean, no se vuelan, a las raíces. Los nutrientes son atraídos de nuevo al depósito de nutrientes. Los medios de cultivo apropiados para ello son la lana de roca, la turba de coco y los guijarros de arcilla de hidrógeno.

- Sistema de Mecha Pasiva - este es el más comúnmente usado de todos los tipos de sistemas hidropónicos. La turba de coco, el musgo de turba y el vermiculiculato son los tres medios de cultivo ideales para este sistema hidropónico. Las plantas se sientan en sus medios de cultivo y la mecha extrae los nutrientes de la solución que se encuentra debajo de ellas.

Problemas comunes de las plantas y sus soluciones

Las plantas de marihuana de interiores no son inmunes a los problemas. Además de los mencionados para las plantas de exteriores, también debe buscar los siguientes signos de problemas con las plantas de marihuana que se cultivan en interiores.

- Hojas amarillentas con las puntas quemadas - signo de quemadura ligera. Sus plantas de marihuana de interiores pueden estar demasiado cerca de las luces de cultivo. Mueva las luces más lejos o si está fija en su lugar, mueva sus macetas más abajo o más lejos

- Parches de polvo blanco en las hojas - signo de moho. Las manchas de blanco son en realidad moho polvoriento blanco o simplemente conocido como WPM. Esto puede ser remediado inmediatamente. Es fácil, pero no lo subestime, ya que podría provocar la putrefacción de los brotes más tarde. Deshágase de ellos lo antes posible lavándolos con un remedio casero. Puede mezclar 4 cucharaditas de aceite de neem en un galón de agua. También puede sustituir esta mezcla con leche y agua (proporción 1:9) o bicarbonato de sodio y agua (2 cucharadas por un galón).

- Brotes en descomposición - signo de crecimiento de moho en el interior. No hay mucho que pueda hacer para salvar los brotes afectados. Sin embargo, puede evitar que los otros brotes se vean afectados. Corte los brotes podridos inmediatamente. Recorte también algunas hojas, especialmente las que están cerca de los brotes podridos. El moho es un signo de alta humedad en su cuarto de cultivo, así que mejore la ventilación y utilice un deshumidificador para reducir aún más los niveles de humedad.

Control de plagas

Usted debe actuar rápido cuando se trata del control de plagas para las plantas de marihuana de interiores. Puede utilizar pesticidas orgánicos o deshacerse de las plagas manualmente. No necesita construir una valla. No es necesario que compre bichos útiles, ya que pueden vivir dentro de su casa.

Prevención de plagas

No es probable que tenga babosas, caracoles u otros bichos en su cuarto de cultivo de marihuana de interiores. Siempre y cuando se mantenga la habitación limpia, no debería haber mucha infestación de plagas. Usted también debería mantener un hogar ordenado. Selle los agujeros al azar y repare las fugas para evitar que entren plagas como ratas y serpientes. Puede que no estén interesados en sus plantas, pero pueden perjudicar componentes vitales de su cuarto de cultivo. Mantenga sus herramientas esterilizadas también.

El cultivo de marihuana en interiores es muy intrincado. Sin embargo, será una recompensa. Es como acercar la naturaleza a su hogar.

Capítulo 7: Cosecha

Después de meses de espera y cuidado de sus plantas, es el momento de cosechar las flores que tanto ha esperado. Para algunos, esta etapa del cultivo es la más satisfactoria. Incluso puede dar una sensación más gratificante que el consumo. La gran sensación proviene de la idea de que ya ha terminado con las partes más difíciles del proceso de cultivo.

Hay tres consideraciones principales para la etapa de cosecha y estas son: el tiempo, el secado y el curado. Esto ayudará a determinar el sabor de sus brotes más adelante.

Cronometraje

Este aspecto es importante porque si lo hace demasiado pronto, los componentes beneficiosos del producto pueden ser demasiado bajos o insignificantes. Si llega demasiado tarde, dichos componentes pueden degradarse. Para el momento, no se limite a confiar en el cálculo aproximado de su proveedor de semillas.

Para saber el momento adecuado, tiene que evaluar las hojas y las flores de sus plantas de marihuana. Las puntas de la mayoría de las hojas se volverán amarillas cuando se acerquen a la madurez. Puede quitar estas hojas para permitir que las flores de abajo reciban luz.

También debe inspeccionar los tricomas o las partes cristalinas de las flores. Va a necesitar una lupa para este paso. La forma de un tricoma se asemeja a la de un hongo de cerca. Parecen rocíos debido a su aspecto incoloro. Sin embargo, se volverán ámbar cuando se acerquen a la madurez. Usted puede cosechar durante el tiempo en que se tornan ámbar o cuando aparecen nublados.

También puede evaluar los pistilos o los pelos blancos de sus flores. No debe cosechar cuando todavía hay nuevos pelos creciendo. Cuando no haya más crecimiento nuevo, espere a que se oscurezcan. Puede comenzar a cosechar cuando el 50% a 90% de los pelos se hayan oscurecido.

Para cosechar, consiga un cuchillo grande y podadoras. Use las podadoras para deshacerse de las hojas grandes de marihuana. Deje lss pequeñas porque protegen los tricomas. Utilice el cuchillo para cortar cada rama. Maneje cada rama con cuidado para evitar el desperdicio de los tricomas.

Secado

El secado tarda de unos días a dos semanas. Puede instalar una caja de secado o comprar un gabinete de secado listo para usar. Debería tener un ventilador pero no debería estar dirigido a las flores de marihuana. Se considera que las flores están secas cuando los tallos parecen agrietarse fácilmente en lugar de doblarse. Ya puede enrollar las flores y fumarlas, pero si quiere un porro con mejor sabor, proceda a la curación.

Curación

Tengan jarras de albañilería para esta etapa. Utilice unas tijeras pequeñas para retirar aún más algunas de las hojas restantes. Puede colocar los recortes en un recipiente separado para poder utilizarlos para cocinar más tarde. Separe los capullos de las flores de los tallos individualmente. Llene cada frasco de albañilería con capullos de flores hasta un 75%.

La curación es importante porque elimina el olor y el sabor a hierba de la planta. Durante las dos primeras semanas, abra los frascos dos veces al día durante 15 minutos. Esto ayudará a eliminar la humedad restante. Sólo puede abrirlo una vez a la semana después de eso. En la cuarta semana, puede abrirlo una vez al mes. Puede continuar haciendo esto hasta el sexto mes. Después de eso, mantenga su marihuana curada en un frasco para guardarla por más tiempo.

Puede comerciar con su marihuana almacenada. Puede cocinar con ella. Puede usarla para fumar. Lo mejor de todo es disfrutar de los beneficios para la salud de su remedio casero.

Conclusión

Gracias de nuevo por comprar este libro!

Espero que este libro haya podido ayudarlo a cultivar marihuana con éxito, ya sea en exteriores o en interiores. Esperamos que lo haya podido guiar en todo el proceso, desde la selección de las mejores semillas hasta la cosecha de los frutos de su trabajo. Sobre todo, deseo que su rendimiento sea alto en términos de calidad y cantidad.

El siguiente paso es disfrutar de sus productos. Comparta su nuevo conocimiento con amigos que también pueden estar interesados en llevar su amor por la marihuana a otro nivel.

Gracias y buena suerte!

¡Gracias!

Antes de que se vaya, sólo quería darle las gracias por comprar mi libro.

Podría haber elegido entre docenas de otros libros sobre el mismo tema, pero se arriesgó y eligió este.

Por lo tanto, un ENORME agradecimiento a usted por conseguir este libro y por leerlo hasta el final.

Ahora quería pedirle un pequeño favor. ¿Podría **tomarse unos minutos para dejar una reseña de este libro?**

Esta retroalimentación nos ayudará a continuar escribiendo el tipo de libros que le ayudarán a obtener los resultados que desea. Así que si le ha gustado, por favor, háganoslo saber!

www.ingramcontent.com/pod-product-compliance
Lightning Source LLC
Chambersburg PA
CBHW052101110526
44591CB00013B/2306